Primera edición marzo de 2025

© Álvaro Llamas
© de esta edición, Editorial Páramo
www.editorialparamo.com
editorialparamo@gmail.com / 646346731
Diseño de cubierta: J.Figueroa
Fotografía de solapa: José Morraja

ISBN: 979-13-990156-0-7
Núm. DL: VA 110-2025
Impreso en España – Printed in Spain
Impreso en Estugraf

HESTÍO
ÁLVARO LLAMAS

poema narrativo en 9 cantos y un excurso vengador

editorial PÁRAMO

✳

lírica

HESTÍO

poema narrativo en 9 cantos y un excurso vengador

A mis padres, de nuevo

A mi pequeña familia en general: tío y tía, hermano, cuñada, sobrinas y Ringo

A mi otra familia, la de los amigos, en especial, esta vez, a Federico T. y Pablo F.

A Little, por ser agente provocador

A Sevilla, que la adoro

A Iván Mariscal, poeta al que admiro y amigo al que quiero, por sus sabios consejos

A mi editor, por darme la oportunidad

¿Por qué *HESTÍO*? O una introducción

A veces, los caminos de la escritura son inescrutables. En el verano de 2023, hacía un año que había vuelto de Madrid (en su día sentí, en realidad, que Madrid y sus precios me habían expulsado) y llevaba algo más de año y medio viviendo en casa de mis padres, preparando oposiciones en mis ratos libres. El trabajo como traductor (una profesión que se extingue lentamente, como se extinguió la de farero en la segunda mitad del siglo XX; ambos oficios solitarios) me había asentado desde hacía años en el precariado, tenía deudas y, ante la proximidad de mi cuadragésimo séptimo cumpleaños, moraba en la desdicha del fracaso.

Aunque hacía un año que había publicado mi primera novela (no todo era infortunio), tomaba antidepresivos, convivía con la cadencia avejentada de mis padres ya mayores y cuando estaba solo en la habitación que había ocupado en mi adolescencia, en mitad del calor de un verano tórrido como no se recuerda, trataba de retener el articulado de leyes y normativas en el lenguaje abstruso propio de la Administración.

El contexto sociopolítico y económico venía marcado por la guerra de Ucrania (inauguración del régimen de guerra que meses más tarde se perpetuaría con el genocidio perpetrado en Palestina por las fuerzas de ocupación israelíes tras la operación *Inundación de Al-Aqsa* de los milicianos de Hamás), por una inflación galopante que, con cada ola de calor, te hacía encender el aire acondicionado con sentimiento de culpa, y por una derechización generalizada de la que aún no hemos salido (¿saldremos alguna vez?).

Para colmo de males, durante una visita a Madrid, un desgraciado, al que consideraba un buen amigo, me había echado de mala manera de su casa y yo no solo andaba apesadumbrado por esa violenta separación sino sediento de venganza; de alguna manera me habían expulsado una segunda vez de Madrid y esta vez había un ejecutor concreto, que había actuado con *diurnidad* y alevosía.

Durante el largo y sofocante verano pasaron algunas cosas más: fui a Granada a la boda de un viejo amigo de la carrera, tuve algún encuentro prometedor —aunque rápidamente marchito— con un chico que me gustaba de Sevilla y viajé a Berlín en compañía de uno de mis mejores amigos. Sin embargo, nada parecía atenuar mi abatimiento. Como dicen al final de la deslumbrante *Malmkrog*, de Cristi Puiu, uno de los finales de película más bellos que he visto jamás, citando quizás a algún personaje de novela rusa, sentía que "el diablo, con el rabo, se deleita en arrojar bruma sobre la creación". Frente a la calígine del presente y a los velos sombríos del futuro, nada se me antojaba más apetecible que refugiarme en el pasado, en los libros, en las películas, en las obras de arte que fulgen en los museos. Estaba replegado en mí mismo, y también en las muchas ficciones (de las que forman parte algunos acontecimientos de la Historia) que hacen la vida cotidiana más llevadera (los nombres, las citas y las referencias no son pedantería, no; son —en mi caso— una forma de llano consuelo).

Quería escribir algo, dejar testimonio de aquellos días extraños (o acaso demasiado connaturales), pero todo se quedaba en notas que iba apuntando en mi móvil o en un cuaderno que había adquirido durante un viaje a Grecia el verano anterior, justo en vísperas de la aparición de mi primera novela (siempre he llegado tarde a todo), un verano por completo opuesto a este de 2023: luminoso e ilusionado, pleno de *joie de vivre*.

No sé cómo durante el "estío del hastío" llegó a mis manos un libro de John Ashbery (exactamente, su *Autorretrato en un espejo convexo*), al que luego siguieron otros del mismo autor. Me fascinó su lectura. De pronto, los apuntes que había ido anotando bajo el nombre de *Un verano sin pena ni gloria* se fueron convirtiendo en versos blancos y libres, quizás bajo el influjo de Ashbery —en ese gesto de imitación que es todo conato creativo; quizás por economía o fatiga o pereza— dadas mis circunstancias y el aplastante calor de aquellos días. Siempre había escrito poesía, desde que era adolescente (formaba parte de un grupúsculo de poetas que nos hacíamos denominar *El inquilino de Caivan*; incluso gané por aquel entonces un certamen literario para bachilleres a nivel nacional), pero nunca había intentando componer un poemario, menos aún un poema narrativo, al estilo de los maestros antiguos. Todo muy osado por mi parte, y al mismo tiempo tan sencillo como ponerse a ello.

Hestío es el relato híbrido de un verano de mi vida, un verano sin pena ni gloria, o, puede ser, con más pena que gloria. En él se mezclan el amor y la guerra, la remembranza y la invectiva, lo real inauténtico y lo ficticio verdadero, la cotidianidad y la Historia (¿le quitamos la mayúscula?), lo poético y lo prosaico, el chismorreo y el secreto, la pornografía sentimental del ego exhibicionista y lo arcano de la intimidad impenetrable, lo familiar y lo siniestro, el todo y la nada, y yo suspendido entre el cielo y la tierra, respirando por el ojo de una aguja, en esta calamidad en miniatura que es cualquier porción de existencia, en medio de la canícula de nuestro descontento.

Aquí os lo dejo, con la esperanza de que os seduzca y os compela, siquiera por un fugaz instante.

Me siento como si el cielo estuviese pegado a la tierra, y yo entre los dos, respirando por el ojo de una aguja.

L. Durrell, *El cuarteto de Alejandría: Justine*

… Y no sé cómo saltar
desde la orilla de hoy
a la orilla de mañana.

Juan Ramón Jiménez, *Estío*

H

Me acerqué a ti por detrás
como —dicen— actúan los fantasmas.
Una turba de cuerpos extraños, oscuramente cósmicos,
te rodeaban en esa *boîte* espejeante
cercana a la Alameda de Hércules.
No se aprecian allí sombras
y los licores
(escanciados por un puño juvenil cerrado firmemente
                                    sobre un gollete)
bruñen el cristal de los vasos en colisión con nuestros
                                    ojos abatidos.
Como cuando acaba una película enigmática
y se encienden las luces en la sala de cine
y hay muchas miradas, en comunión, a la busca de
                                    pistas.
Así me acerqué a ti, decía,
para tocar tu hombro derecho y hacer que,
al dar la vuelta,
me reconocieras de las redes sociales que compartimos.
Soy un retornado de esas regiones húmedas
—pese al aire, la pista, atestada de gente, humedecía—
de la tristeza,
una tristeza, la mía, que vuelve cual arcada
al reestreno de cada verano.
La mer, la mer, toujours recommencée!
El año pasado, por estas fechas,
empecé un tratamiento de sertralina y alprazolam,

animado por un psicólogo especializado en Gestalt.
Cuando estaba a punto de tirar la toalla
y dar mi caso por perdido,
sentado frente a mí en el salón de su casa,
casi derrocado por mis agrias y persuasivas digresiones
—bajo un mandala tibetano que presidía la estancia—
ásperamente, me sugirió esa cura.
Ahora intento dejarla
(ay, el gesto quebradizo de partir y repartir pastillas)
pero, en aquellos días,
juro que conseguí limpiar churretes
hasta sentir que mi cabeza descansaba
sobre un pedestal menos fragoso, más despejado.
Por seguir con esa noche, la que nos conocimos,
tras mi presentación, casi un derribo,
mencionamos amigos en común y me dijiste que,
debido a mis publicaciones, tan aguafiestas,
siempre te había parecido más afligido
de como allí comparecía,
aunque quizás el empapado beso en que nos
                                           ensartamos
ayudase a olvidar nuestra terca indigencia.
Con cierta suspicacia por tu parte,
fuimos al baño y, más tarde,
a una apartada zona de poltronas,
cuyos flecos de lingotes —descabalados—
tintinaban silenciosos, impregnados de bahorrina
y de recia fatiga.
Atropelladamente, nos contamos historias.

Tu boca coca, tu cuello manierista…
"Como hizo el Parmigianino, la mano derecha"
dice el primer verso de ese libro
—sublime— de John Ashbery.
Dimos vueltas, en busca de mi amigo
y de los tuyos, cogidos de la mano,
tú más alto que yo, yo más añoso,
adelantado a ti,
en sátiro raptor de ninfas.
Secuencias de corcheas en arpegios,
el tórrido nocturno
tronaba más allá de la salida
tras ascender la espléndida escalera
del vestíbulo tapizado de espejos:
reflejos infinitos en concomitancia.
"Como en la rue Cambon", te dije,
y sonreíste manso y refulgente,
haciendo resbalar, peldaño abajo,
tan afectado comentario.
A menudo, ya sabes,
se desvisten preguntas por temor o vergüenza
de callar solamente,
de quedar desabrido y ardiente
cual lagarto al acecho sobre un muro encalado, a
mediodía.
Hablamos mucho, follamos poco;
justo resumen de nuestro encuentro.
Pero, ¿qué más da eso cuando
tras la corrida, ya regado el albero,

quedas tumbado a solas en una casa extraña?
(Debías irte a tu estudio, "en un polígono", decías,
a montar una nueva cocina que llegaba ese día).
Dejarme descansando en tu cama,
bajo los efluvios del aire acondicionado...
Digo yo ahora:
qué acto magnánimo de impudicia emocional,
de cortesía hacia *un* desconocido.
La intimidad de los objetos
es más elocuente que cualquier cuerpo que los haya
elegido.
Vivimos en un mundo material,
a fin de cuentas.
Al no saber dónde soltar mi placer,
cogí con ambas manos el teléfono
e hice fotos de tu hogar:
el armario blanco que separaba el dormitorio del salón,
esa escultura de pelotas de baloncesto desinfladas,
la caja de latón rosa como las que las abuelas hacían
servir de costurero,
un extraño juego de fichas como flechas encerradas en
un carcaj de tela,
un jarrón con tu nombre,
el libro de Hockney sobre un taburete amarillo que
hacía de mesilla,
y tu desordenada y colorida mesa de trabajo
(la B32 de ratán no del todo encajada,
como cuando se abandona momentáneamente el oficio
y se corre ligero a abrir la puerta).

También husmeé en el frigorífico, aunque no tomé
                                    fotos.
Había un caldo caro sin abrir, unas olivas,
un trozo de embutido descarnado, ninguna fruta.
Toda emoción parece ya mediada por ficciones y
                                    estupefacientes,
y no sé si es esto triste
o llanamente verdadero,
siendo la realidad tan parecida a la desdicha.
Cuando me marché de tu casa, pequeña y solitaria
—no te veo desde entonces—
cerrando de un portazo,
con ese impío espanto del que no tiene llaves o salta
                                    hacia el vacío,
—me sudaba el cogote al pasar bajo al Arco de la
                                    Macarena—
tu recuerdo era ya una cerilla apagada
que hubiésemos, consumida, pasado de una mano a la
                                    otra,
esa que,
solitaria, pequeña,
encontramos en una cajetilla que nos impregna,
al tacto, de los buenos momentos
de una noche de antaño,
primitiva.
Sin embargo,
he intentado creer que la cerilla ardía de nuevo,
por combustión interna,
voluntad deseo y fe enfilados en *permanance*.

Era una tarde a inicios del verano
—desfile del Orgullo—
y no del todo alegre, debo puntualizar.
Tras las recientes elecciones municipales
muchos ayuntamientos se habían derechizado:
declinaba ese ciclo que había arrancado
el 15 de mayo de hacía, aproximadamente,
un centenar de meses.
Un color acidioso y desteñido embarraba la escena
mientras enseñas arcoíris,
como fregonas desmochadas a punto de ser
depositadas para siempre en el contenedor de la basura,
decoraban balcones y poyetes por los que arrastraba la
mirada
en mi desnortada trayectoria
camino de la estación.
Algunos transeúntes, vaporosamente vestidos,
se abrazaban al encontrarse bajo el ardor.
¿Por qué estaba tan mustio después de haberte
conocido?
Una estameña parda aquella tarde,
qué sentimentalismo tuerto.
Dicen que los higos esconden el desaparecido cadáver
de una avispa,
¿y no es así con todo?
Al llegar al vestíbulo de la estación,
como si echase en falta a la santa Rufina
tras no encontrar su nombre en ningún rótulo,
mirando con cierto embotamiento las horas de salida

y de llegada,
intuyo en mitad de ese todo,
rumor semicallado,
panal semidesértico,
vientre de la ballena,
lo embarazoso que resulta
creer en la resurrección de la carne,
percatarse del sol un día nublado,
sentir que lo desfallecido sigue vivo.

E

En estos días…
la pechera de camisetas o polos siempre mojada,
pues calor y sudor no nos dan tregua,
no me la dan.
Todo se torna fútil y difícil.
"Llevo un mes de agosto de lo más disipado", dice P.
Es igual para mí: se me esfuman los días,
las tardes se derraman, las noches periclitan.
Supongo que el haber cambiado de móvil,
pasando de iOS a Android,
no mejora las cosas:
es como si se me hubiera colado un chino en el zapato,
incómodo percance,
infinito pequeño,
interminable.
Entro casi sin darme cuenta,
para probar la *app* de la Consejería de Sanidad,
con el certificado digital que vencerá en breve,
en mi historial clínico:
01/06/2021 S02 QUISTE PIEL
25/05/2021 Y76 CONDILOMAS ANALES
18/03/2021 D21 ODINOFAGIA
30/10/2020 L01 CERVICALGIA
10/12/2019 R74 FARINGITIS AGUDA
18/10/2018 R74 FARINGITIS AGUDA
02/08/2017 R74 INFECCIÓN RESPIRATORIA ALTA
(IRA)

21/12/2016 A80 LESION NC
16/04/2015 H81 TAPONAMIENTO OCASIONAL
OIDO DCHO
18/03/2015 P17 FUMAR TABACO
19/09/2014 F05 VISION BORROSA
21/08/2014 D11 DIARREA NC
02/04/2014 P01 ANSIEDAD
20/03/2014 P06 INSOMNIO
En un aparte, sin código ni fecha,
dice GONALGIA:
presencia de dolor en la rodilla.
Me da un golpe de risa,
se me destapa el tarro,
algo gigante y líquido revienta en mi interior.
Soy como Romy Schneider, que interpreta a Sisi,
atravesando la Galería de los Espejos
a carcajada limpia en la película *Ludwig* de Visconti.
¡Es todo tan ridículo!
Como un mundial de fútbol,
o esas colas de idiotas al cabo del evento expositivo en
el museo de turno.
El futuro ya pasó… ¿no lo ves claro?
Aunque el sol siga activo, ¿no notas que se apaga
lentamente?
No obstante, cuando menos,
al pasado —ese gran gobelino inexplorado—
se puede retornar en clase *business*.
Así, tras el estudio genético
de los restos de sangre que mancharon

de forma caprichosa, como un hongo,
la fracción inferior del número 678 de *L'Ami du peuple*
—periódico que él mismo dirigía,
cuyo ejemplar se guarda en la sede histórica,
rue Vivienne, de la BnF—,
se ha descubierto que Marat,
el amigo del pueblo,
"que odió a los reyes, los nobles, los sacerdotes, los
ricos, a los mediocres",
autor, en su etapa de médico, de un ensayo sobre la
gonorrea,
y que, *"como Jesús, no dejó de combatir estas pestes*
de la sociedad",
habría muerto, con casi total probabilidad,
de su terrible enfermedad cutánea
semanas después de que Charlotte Corday,
sobre la que se abatiría, rauda, la bella guillotina,
le asestase,
a las lindes de su blanca clavícula derecha,
la estocada mortal que le convirtió, por un breve
período,
en el primer protomártir laico de la historia de
occidente…
¿Debemos escribir siempre estos nombres sin la
solemnidad de las mayúsculas?
Tenía cincuenta años cuando la sangre de su herida
—Corday atinó a hendirle la aorta—
se derramó perfecta sobre su propio nombre impreso
en el periódico,

volviendo pardas las salificadas aguas de su tina.
Mucho se ha especulado sobre la enfermedad que se
esparcía sobre su piel,
vertiginosa,
de la que solo hallaba alivio en la bañera.
Marat sintió esa comezón, por vez primera,
unos años atrás, sobre las ingles.
Achacaba su mal al tiempo en que se guareció de sus
perseguidores
en las sucias cloacas de París,
las hoy masivamente visitadas catacumbas.
Tras explorar millones de secuencias de ADN,
humano y no humano,
de la muestra de sangre reseca del papel extraída
—mediante hisopo—
no se ha hallado ni rastro de sífilis, de lepra, de escrófula
—provocada por la bacteria de la tuberculosis—,
de candidiasis debida a la diabetes,
ni de sarna,
conjunto de enfermedades que, desde su muerte,
habían barajado los investigadores.
Malassezia restricta
es el hongo causante de la dermatitis seborreica
al que tienen ahora por principal sospechoso.
La DS puede, también,
ser uno de los indicadores precoces de infección por
VIH.
Se han reportado formas diseminadas o eritodérmicas
de la misma

con compromiso de la región facial,
el esternón, el dorso, las axilas y la región inguinal.
El fantasma de la inmunodepresión
acampando a sus anchas sobre el tejido revolucionario,
sobre el cuerpo político.
Una necrología.
No discutamos nunca.
Ni calculemos nunca el efectivo derrochado.
Aquí tenéis todo mi amor por la Naturaleza.

S

Apenas entrados en agosto,
viajo a Berlín en compañía de P.
R. le ha prestado la casa de unos amigos que pasan el
                                    verano fuera,
visitando a su hija en Canadá.
P. me propuso que me uniese a sus planes hace ya
                                    algunos meses,
y en vista del ahorro que supone tener alojamiento
a escasos diez minutos de Alexanderplatz,
en pleno Mitte,
no sopesé demasiado su oferta.
Una semana fuera, huidos del tórrido verano
y, en mi caso,
del monótono páramo de las oposiciones.
No he vuelto a la ciudad desde hace unos veinte años,
hago la cuenta partiendo de la fecha
en la que conocí a F.,
¿2002, 2003?,
pocos meses antes de visitarla por primera y única vez,
también acompañando a P.
Al bajarnos en Múnich, donde hacemos escala,
por los altavoces de su pulcro y carísimo aeropuerto
anuncian cancelación.
Viendo la interminable cola del mostrador de
                                    reclamaciones,
buscamos la solución por nuestra cuenta
y dejamos para más adelante los consabidos trámites.

Cogemos un taxi de cien euros hasta la estación de
                                              trenes,
desde donde ya hemos reservado —en línea— billetes
                                           para Berlín,
a la que, si nada más se tuerce, llegaremos pasada
                                           medianoche.
No he estado nunca en Múnich,
aunque he soñado a veces, bien despierto,
que, para ver la batalla de Alejandro en Issos,
el infinito cuadro de Albrecht Altdorfer de la Alte
                                          Pinakothek,
llegaba allí en vuelo rasante del brazo de San Sebaldo,
ese brazo del último tormento,
su cuerpo marcado por el accidente automovilístico
que le hizo ingresar en el martirologio de los
                                        letraheridos.
En la pantalla de la cinta de correr de mi gimnasio,
uno de sus vídeos recurrentes,
entre otros de bosques o de acantilados,
aburridísimos,
es un veloz paseo por el centro de Múnich.
Es curioso también
que, en los días previos a este accidentado periplo,
me haya solazado, a altas horas de la madrugada,
con las más grandes obras de Fassbinder
—tan vinculado él a la ciudad de Múnich—
ofrecidas en un ciclo de Filmin.
Al llegar a la Hauptbahnhof
me sorprende, otra vez,

esa fauna roñosa y taciturna que se junta al calor
de los grandes núcleos ferroviarios,
todos menudeando:
los mendigos borrachos
las hinchadas de fútbol con cuerpos sedentarios
y ropas estridentes
los policías y también los ladrones.
Adolescentes reunidos
sostienen, casi acabada, una lata en la mano.
Recuerdan a esos niños callejeros
que pintaba Murillo
algunos de cuyos más preciados ejemplares
se custodian en la cercana Pinacoteca Antigua.
(Al final, en el nuevo teléfono que odio,
he puesto como fondo de pantalla
el bellísimo Midas y Baco de Nicolas Poussin.
Aparece en la claustrofóbica estancia
de *Las amargas lágrimas de Petra Von Kant*).
Me pican los oídos en el tren mientras atravesamos
                                    Alemania,
el ordenado verde de sus campos,
el renuente malva de sus brezales,
el tupido celaje de esta tarde concreta,
un cegador destello gualdo en lontananza
apurando la línea de fuga de este viejo planeta,
estrechando el confín de nuestros corazones.
No es difícil imaginar así
bajo este fulgor agonizante
bajo esta luz desgarradora

la habitación en que escribe su carta de despedida
—tantas veces escrita,
tantas como momentos en que un lector
abre por estas páginas cualquier versión del libro—
el siempre joven Werther…
Llegamos a Berlín.
R. y su novio nos recogen en la nueva estación central,
colosal laberinto megalómano
que excede con creces sus funciones,
y nos llevan en coche a "nuestra" temporal morada en
la Linienstraβe
una de esas viviendas, ahora sociales, de época
comunista
—una sencilla cancela como puerta,
y después un patio con modesta vegetación
donde, en la mañana, juegan algunos niños
vigilados por sus madres con hiyab—
construidas sobre uno de los muchos solares
que dejaron los bombardeos.
Inmuebles que tratan de no desentonar demasiado
con los escasos vestigios burgueses que quedaron en pie
o fueron reconstruidos en esta zona céntrica
de ese objeto concéntrico, extensísimo
que es la antigua capital de Prusia, sobre una ciénaga
erigida.
La casa es pequeña y agradable,
te haces una idea de quiénes pueden ser sus moradores.
Las enormes ventanas se abren hacia dentro.
P. se ha acostado ya, andaba extenuado.

Me fumo un cigarrillo apoyando los codos en el alfeizar
suave y misteriosa es hoy la noche
las farolas esparciendo su palidez por las aceras
robustas edificaciones ciñendo la calzada
que se pierde interminable hasta donde la vista alcanza.
Mientras se viene el alba
—se hará de día en breve, apenas pasadas las cuatro—
los silenciosos velocípedos
giran la esquina a la altura de Koppenplatz
—donde está el memorial a los judíos detenidos y
deportados:
un espacio que representa una *zimmer* vacía
con tan solo una mesa y dos sillas,
una de ellas derribada en la precipitación de la huida—
bicis tan quebradizas como la propia idea de su
invención
o como las patas de los jilgueros
en las aventuradas ramas de los árboles.
En días posteriores, entre claros y nubes,
visitaremos Dresde la barroca,
con sus torres quemadas, donde siempre es domingo,
y Potsdam, esa tosca traslación de Versalles al sentir
alemán.
R. y su novio nos llevan de excursión hasta Caputh,
una localidad cercana sin apenas turistas,
frecuentada por maduras parejas de locales
que dominguean en apáticos *biergartens*
a orillas de interminables lagos pintorescos.
No lejos de un embarcadero

sentados a una mesa
y envueltos en livianísimas mantas para terraza,
entre azaleas con el tono rosado de los camarones,
observamos el cielo encapotado
que parece apretarse contra la trémula
y plateada mansedumbre de las aguas.
De cuando en cuando, cruzan embarcaciones
y minúsculos *ferries*
que transportan uno o dos coches, tres a lo sumo,
y cuando el sol consigue abrirse paso
resplandece la inagotable superficie acuática
y se aprecian enjambres de insectos diminutos
que motean el aire de la tarde.
Los días de Berlín nos dedicamos a pasear sus barrios,
Prenzlauer Berg, Kreuzberg, Neukölln y, sobre todo,
                                                    Mitte.
Se agradece, apenas al doblar la esquina de nuestro
                                    pasajero domicilio
otear a lo lejos la cúpula dorada, cual bombonera
                                                    exótica,
de la llamada Nueva Sinagoga, en la Oranienburger
                                                    Straße,
vedada y vigilada noche y día por las fuerzas del orden.
Entramos y salimos de museos, atravesamos patios
                                                    interiores,
llenos de recovecos y de tupidos jardines verticales.
Desayunamos *bretzels* y salchichas blancas escaldadas
servidas en tazones de blanca cerámica vidriada con
                                            fina tapadera.

Cenamos vietnamita, o turco, o tayiko,
recorremos el escondido cementerio hugonote
—el Französischer Friedhof—
que hay pegado a la casa donde vivió Bertold Brecht,
y en el contiguo camposanto de Dorotheenstadt
a la sombra de su frondosa vegetación
tras las reptantes hortensias, a ratos desvaídas,
que encubren sus acendradas barandillas
descubrimos las tumbas de Hegel y de Fichte,
y también la de Karl Friedrich Schinkel,
arquitecto de la neoclásica Alte Nationalgalerie.
Allí se guarda *La isla de los muertos* de Böcklin
la pintura que amaron por igual Hitler y Lenin.
Una noche acabamos en una desabrida sauna de
                                   Schöeneberg
—todo empezó horas atrás, en una *happy hour*—
por la que pulula el servicio de ambulancia
al rescate de unos cuantos clientes que han volcado de *gé*.
Gente narcotizada que trata de desmentir,
inútilmente, el helado vacío que impera ahí fuera,
esa epidemia de soledad y desencuentros
que se expande implacable sobre las no-comunidades
                                   de hombres gais.
Bicheamos las tiendas de segunda mano,
llenas de bibelots de época comunista,
o de prendas usadas, aunque en perfecto estado,
eso sí, muy de invierno,
que entre que no podemos meter en la maleta de cabina
y que serán cada vez menos ponibles

en nuestra desbordada temporada de verano o
entretiempo,
quedan desestimadas en sus perchas.
Comentamos, repetidamente,
lo bien que pega el comunismo
—nuestro ideal de comunismo—
con la tercera edad del hombre.
Dejo, ridículo, un ejemplar de mi novela
en una librería española que lleva una ridícula
expatriada,
que osa preguntarnos, casi afirmando, si Andalucía es
conservadora.
P. le dice que más que conservadora es tradicional,
un matiz importante,
aunque yo pienso
—me contengo de decirlo—
que el mundo se ha vuelto ultraconservador y
cacofónico
en toda su extensión
y que ella, una agente del marketing vulgar de las
editoriales,
tampoco ama los libros
—basta con observar su escaparate—
y que Berlín, sin ir más lejos, está también gentrificada.
Tacheles, el famoso centro okupa, no existe;
cuando visité la ciudad por vez primera
era ya poco menos que una atracción turística,
un lugar inauténtico…
Imaginad ahora, con la especulación inmobiliaria:

se han vaciado los centros y las almas.
¿A qué tanta aflicción, tanta carga onerosa?
Ruhevoll.
La impresión que me deja este viaje
es más bien la de una larga travesía nocturna
dormitando en autobús
hacia un lugar no demasiado excitante,
quizás el aeropuerto
en que se coge un vuelo de regreso.
Quiero volver a casa de mis padres.
Como, cuando de chico, me dejaron en el piso de playa
de unos amigos suyos de cuya hija era yo íntimo,
a apresurada petición mía.
En Alemania
escasísimos han sido los encuentros con extraños
tampoco ha habido la alegría que te traspasa
al visitar Italia o Grecia.
P. y yo, que siempre hemos mantenido en movimiento
la dinamo de nuestras conversaciones
esta vez, a pesar de que nos hemos reído
con nuestras tonterías habituales,
a menudo nos hemos repetido al contarnos historias.
Y hemos sido conscientes.
Quizás ya nunca estamos "solos".
De ahí que depreciemos la noble compañía.
Es como si después de la peste
del año 2020 de la era común
hubiésemos quedado dando vueltas sobre la misma
rueda

en un bucle perpetuo.
O como si, por falta de presupuesto,
no hubiésemos podido seguir con la película
y bajo el aplastante silencio de un rodaje parado
toda fuente de luz interrumpida
hubiésemos quedados condenados a repetir las
                                    mismas tomas
sin cámaras ni director, en un perenne ensayo solitario.
Una roca gigante caída de no sabemos dónde
ha bloqueado rutas y vías de aprendizaje.
De una juventud demasiado estirada
hemos pasado a una vejez precoz
salto mortal sin red
ya no hay serenidad ni madurez
solo un abismo de oscuridad y de tormentas
la nave a la deriva
y escasas apariciones del cuerpo de San Telmo.
Quizás —¿fue Cioran el que lo dijo?—
nuestra capacidad de decepción
sobrepasa con creces
nuestra aptitud de alumbramiento.
Inmersos como estamos en un nuevo verano.
Otro verano más, avanzando indolente.

T

Ayer me desperté chupando la mitad de un limón.
Fue tras uno de esos reposos involuntarios,
inopinados, horizontales,
aspas ventilador *glissandi*,
a cualquier hora de la mañana o de la tarde
en mitad del ambiente anubarrado
en que me vienen las ansias de la muerte,
sobre todo, la ajena.
Bergman llamó a ese momento
la hora del lobo.
Son lamentos, ladridos lacerantes,
de perro inencontrable,
lanzados hacia el cielo meridiano.
Harker reconociendo a Drácula en Mayfair
una apacible mañana de paseo
tras ser su prisionero en Transilvania:
he aquí la quintaesencia del horror.
En estas ocasiones, siento profusamente
no haber llorado lo suficiente a mis difuntos.
Mis cuatro abuelos se arrastran, penosamente,
—*accordingly*—
hacia las cuatro esquinas de mi cama.
Sigo en mi cuarto de adolescente...
Pero, ¿y luego? ¿No ha sido siempre así?
Debo correr hacia una iglesia oscura
para pensar en ellos
y encenderles un cirio monstruoso

como mi indiferencia.
Se han vaciado los templos,
los dioses han huido.

Los turistas avanzan como Aníbal,
desguazando con los obturadores de sus móviles
ruinosos negocios de un mundo cada vez más exhausto.
Ya nada disimula su esencia de necrópolis.

Ha habido un corrimiento del oro
y de la sangre hacia los bisfenoles
y de la minería hacia la docuesfera:
veinte tres mil millones de dispositivos conectados,
muchos más que personas,
y un mastodóntico abismo de datos
codificados
en dos coma (,) cinco trillones de bytes
[Yesterday I woke up sucking a lemon]
[Yesterday I woke up sucking a lemon]
[Yesterday I woke up sucking a lemon]
[Yesterday I woke up sucking a lemon]

I

Dos veces cada siglo se produce el Tránsito de Venus.
Los humanos —lo que quede de ellos—
a partir de este punto,
deberán esperar hasta dos mil ciento diecisiete
(mejor leer la cifra desfigurada en letras).
"Solo podemos percibir de Dios *que* es, pero no *qué* es",
dice una máxima del místico Maimónides.
Entre 1874 y 1882 tuvo lugar el tránsito del siglo XIX,
un acontecimiento que la comunidad científica de
                                    medio mundo
aprovechó para calcular la paralaje y, con su ayuda,
deducir la distancia entre el Sol y la Tierra.
Recién inventada la fotografía,
es este el primer tránsito del que se tienen imágenes
                                    reales.
El efecto óptico conocido como gota negra,
—una especie de lágrima oscura que parecía extenderse
desde el borde de Venus a la frontera del limbo solar—
trajo locos a los científicos de entonces,
viniendo a empañar el optimismo acumulado
de todo un siglo de cooperación internacional
que había hecho creer a la comunidad científica
que la representación del fenómeno físico
coincidía, de forma precisa y delimitada, con el propio
                                    fenómeno.
Bergson tomó cartas en el asunto y comentó
que no solo la forma de Venus era difícil de captar

sino todas las formas:
porque *"la forma es solo una imagen instantánea de la transición"*.
De todas las historias unidas a los tránsitos
quizás la más extravagante y cómica
sea la de Guillaume Le Gentil.
Para observar el tránsito de 1751,
partió de Francia hacia una de sus colonias en la India...
ya estaba cerca de su destino, Pondicherry.
La noticia del estallido de la guerra con Inglaterra,
le hizo recular hacia Isla Mauricio.
Al no llegar a tiempo a tierra firme,
tuvo que realizar sus observaciones desde el barco,
tan inestable que impidió la exactitud de las mismas.
Frustrado, decidió quedarse en el hemisferio sur ocho
años más,
para observar el segundo tránsito desde las Filipinas.
Sospechoso de espionaje para las autoridades
españolas,
decidió volver a Pondicherry,
ya bajo seguro control francés.
El esperado día del tránsito,
había amanecido despejadísimo en Manila.
Pero se presentó cubierto en esa zona de la India,
no pudiendo realizar observación alguna.
Enfermo y deprimido, el ceniciento astrónomo,
tras un accidentado viaje de retorno
—con retrasos y tempestades—,
no pisó Francia hasta dos años más tarde

para descubrir
que lo habían declarado legalmente muerto.
Su puesto en la Academia había sido ocupado,
su esposa se había vuelto a casar
y sus pertenencias se habían repartido entre sus
                                          herederos.
Tuvo que mediar el mismísimo Luis XV
para que Le Gentil recuperase parte de la vida civil
de la que disponía con anterioridad a los malditos
                                          tránsitos.
Aprendida la lección,
no se movió de las dependencias para astrónomos
del Observatorio Real de París
hasta que le llegó su hora.
Le dio tiempo a ver todo el reinado del malogrado
                                         Luis XVI.
En sus ensayos sobre la risa,
Bergson,
esa anómala pieza de la filosofía asistémica,
comparaba esta realidad tan humana,
con la espuma que poco a poco
desaparece de la mano que la recoge a orillas del mar:
"Pero de agua mucho más salada y mucho más amarga
que la de la ola que la trajo.
Igual que esta espuma nace la risa".
Quizás de ahí que rían tan misteriosamente los bebés.
Resulta muy curioso
que este evento astronómico,
Venus pasando entre el Sol y la Tierra,

sortease al completo el siglo XX,
centuria que, con más sombras que luces
—petrototalitaria, lágrimas negras—,
ha vuelto irreversible el Final de los Tiempos.
Ya que fuera de lo humano nada resulta cómico,
podemos concluir que la consciencia,
la inteligencia humana,
son la mayor libertad que se ha tomado el cosmos,
su único y más agudo chiste.

O

Siento, durante la siesta,
—estamos en la tercera o cuarta ola de calor, he
                      perdido la cuenta—
que la ansiedad
(visión borrosa, insomnio…)
me sacude de golpe al primer agasajo de Morfeo.
Es como un diablillo emasculado, travieso y exigente,
rematadamente inmisericorde.
Ha llegado el momento de las presentaciones:
Mi nombre es Álvaro Llamas,
Fernández de apellido materno,
vivo actualmente en casa de mis padres,
so excusa de estar preparando oposiciones a
                      conservador de museo,
y mañana dieciséis de agosto cumplo cuarenta y siete
                             años.
A poco más de un mes para que termine este nuevo
                          verano
caluroso como no se recuerda,
echo la vista atrás, hasta su comienzo…
podríamos situarlo en la Feria del Libro de Madrid
cuando a un grupo de conocidos reunido en una caseta,
alguien nos dio noticia de la muerte de Gala
[ay, Antonio, en lugar de una residencia para
                      escritores jóvenes
ya podrías haber fundado un convento laico para viejos
                      maricas hostigados

por las deflagraciones ajenas y cansados del fuego
                              amigo de esta época]
y no hallo ni pena ni gloria,
aunque sí un discurrir de decaimiento imperativo
achacable a este siglo que tan mal viste y se aviene.
Porque conviene recordar, con Cristi Puiu,
que no solo envejecemos nosotros,
individual o generacionalmente,
sino también el mundo,
tan arrugado, uso tras uso, que mal-habitamos
hecho a nuestra imagen y semejanza
en nada similar a los aires de danza más elegantes del
                              Orpheus,
ballet compuesto por Stravinski en colaboración con
                              Ballanchine en 1947.
Abro paréntesis:
estrenado durante la primavera del año siguiente en el
                              New York City Center
ese edificio de inspiración islámica,
casi un espejismo en mitad del furor vertical de
Manhattan.
Lleva inscrita la palabra "Mecca"
en uno de sus grandes arcos recubiertos de arenisca
                              dorada,
Cierro paréntesis.
Estamos en Granada, a principios de julio,
otro de los jalones de la temporada:
la boda de A. y de R.
Salvo los novios, que parecen salidos de una fuente de

Potsdam
—a todo parque de recreo le llega su época caduca—
hay un nervioso disimulo de amargura entre la mayor
parte del público,
especialmente entre esos que están *nel mezzo del*
cammin,
el tiempo todavía no recobrado y,
ya al fondo,
las parras subiendo tiesas por las verjas;
la fiesta es en un carmen desde el que se atisba,
al trote,
sobre la tarde de sábado tostada y seca,
la Torre de la Vela.
Reencuentros con personas a las que no veía desde
hacía años.
Me alegra la presencia de P. y de su novio valenciano,
un amor tardío e inmaduro, delicioso, festoneado,
como los higos reventados por un exceso de
indefensión,
el aire alegre y quieto de los bodegones,
los narcóticos, los nudos Windsor, la lima de los
cócteles.
El amor es solo un estado pasajero de locura
también la propia vida
es solo eso: el ruido y la furia,
casi nada.
Venimos de resaca del día anterior,
cuando ofrecimos todo nuestro aliento a los
desconocidos:

esta vez un cubano,
en mi caso,
con el que pretendía ver la alborada del gracioso
en la alberca de la azotea del hotel, finalmente cerrada
—cosa del todo lógica:
no da parejo resultado una polla empalmada que una
                                        mente en erección—
otro más que añadir a la lista de agravios
mi Moloch personal
por suerte tan autodestructiva y olvidable
como cualquier rollo de papel desechable
—ya fuere el que surte de tickets a las cajas registradoras
(me deshago de ellos nada más salir de los comercios:
                                        me abrasan)
o el que se jala, mitad sentado, mitad de pie,
en las toilettes de nuestro higiénico y sisífico olvido.
La ciudad, vaciada de estudiantes, conservadora,
los hoteles consumiendo horas carísimas
—por la guerra de Ucrania—
de aire acondicionado,
los pisos de universitarios trocados en pisos de turistas,
manchurrón de sorbete
y papeleras rebosantes de cucharillas y recipientes de
                                        helados,
a esa hora de la tarde que es más perro que lobo
un perro de agua,
los huesos quebradizos bajo el lanudo pelaje,
echado bajo las faldas del Palacio de Comares.
La mañana del último día, en compañía de P.

—cuyo nombre responde a la misma inicial del antes
                              mencionado,
sin ser la misma persona,
y que se aloja conmigo en una habitación de hotel no
                              muy lejana—
visito la Capilla Real:
en la pequeña pinacoteca admiramos *Las Santas
                   Mujeres* de Hans Memling,
entre las que se ha colado San Juan,
y también *La oración en el huerto*, de Sandro Botticelli,
una diminuta pintura ante cuya gama cromática
—de verdes, rosas, castaños y dorados—
y ante cuya composición
(Jesús arriba sobre una roca, en su momento de mayor
                              angustia,
*le sobrevino un sudor como de gotas de sangre que caían
                              hasta el suelo,*
los discípulos, abajo, recostados, abandonados al sueño)
dan ganas de echarse a llorar.
Cuántas veces uno bien sufre, bien duerme,
indiferente al sueño restaurador o a la abatida vigilia
                   de los amigos…
así te lo explica este cuadrito en un solo plano de verdad
*[Tell me that it's nobody's fault
Nobody's fault / But my own]*.
Luego, en la cripta, a la que desciendo enganchado a P.
                   por los brazos,
bajo los esculturales cenotafios renacentistas
de Fernando e Isabel, y de Juana y Felipe,

descubro el pequeño féretro desparejado, de añejo
                                    plomo,
del infante Miguel de la Paz,
fallecido en Granada en 1500 cuando apenas contaba
                                    con dos años.
Hogaño duerme el sueño de los justos
en compañía a sus tíos y abuelos, y lejos de sus padres,
Manuel I de Portugal e Isabel de Aragón, princesa de
                                    Asturias
—todo esto lo leo más tarde, a la mesa de una terraza,
la Wikipedia en la mano del móvil, un Aquarius en la
                                    otra,
bajo la sombra de un tilo en la cercana plaza de
                                    Bib-Rambla.
Su prematura muerte puso fin
al ambicionado deseo de la unificación ibérica,
entre los reinos de España y Portugal,
con todos sus territorios de ultramar.
También averiguo que su madre, la aludida Isabel,
que sucumbió una hora después de dar a luz al también
                                    malogrado heredero,
primogénita de los Reyes Católicos,
Princesa de Portugal,
por su primer matrimonio con el infante Alfonso
—heredero al trono que falleció
al poco de casarse con ella tras caer del caballo—
y dos veces, por tanto, Princesa de Asturias,
en su sombría viudez
decidió adoptar el hábito de las hermanas clarisas

y se instaló en Sevilla llevando una existencia
                                encapotada.
Era casi una monja,
pero en lugar de sumirse en el silencio de la oración,
al ver denegado el permiso que pidió a sus padres
para ingresar en el convento,
y presionada a casase con su entonces cuñado
y nuevo rey de Portugal, Manuel,
atraído por ella desde su breve estadía como princesa
                                en el país vecino,
prefirió cargar el fardo de su rencor con un exceso de
                                fe contra el hereje
y accedió al deseo de aquellos, no sin antes imponer la
                                condición,
en el marco de su acuerdo matrimonial,
de que los judíos fueran expulsados de Portugal,
como se había hecho pocos años antes en Castilla y
                                Aragón.
Ay España *de mi alma*,
que cantaba Lola Flores,
más papista que el Papa por imposición monárquica,
baluarte de la fe endemoniada, de la limpieza de sangre,
nacida y unida por los intereses de una sola familia,
en este reino de Granada,
último territorio en ser "reconquistado",
cuyo blasón se parece más al proyectil explosivo
que al delicado, aunque impracticable, fruto.
En la plaza donde ahora me encuentro,
las palomas, en pausa durante su atontado patear,

los petos emplumados en gris y rojo y verde,
se asemejan a pantallas en reposo de una oficina en
                              semipenumbra,
contaminación lumínica en interiores;
otra vez cae la tarde antes de tiempo
bajo un cielo plomizo y sofocante, deletéreo,
que parece anunciar tormenta.
Una tormenta que, como el mesías del judaísmo,
jamás y nunca llega este verano.
Me despierto de la siesta orlado en mi sudor.
El sudor y las babas,
repetidos sobre la ropa de cama,
tienen un olor agrio y confortable,
ese olor a misterio del cuerpo vivo
que conocemos de forma inmediata
como sujeto viviente consonante
y de forma mediata como sujeto
en relación al cuerpo como objeto.
Cuerpo somos. Mientras cuerpo tenemos.
En Jerez, antes o después del almuerzo,
adoro sentir la suavidad de la brisa fecundada
de no muy lejanas sales marinas.
Es en ese momento cuando entran en mi cabeza
un sinnúmero de imágenes,
papeles expelidos de un pupitre tras un tropiezo,
tan difíciles de atrapar
como la risa de los muertos pretéritos.
No son aparecidos, son sonámbulos
de un mundo que tarda harto en desperezarse.

Embotado,
observo una mancha móvil sobre el suelo del baño;
veo, fijos en ella,
unos ojos que me observan,
pero no sé si esta suerte de *Síndone* doméstica
heimlich/unheimlich
son los ojos de un dios o de un hombre,
de un *putto* o de un mono;
se hace difícil creer en dios
(o en un futuro novio o lo-que-sea)
si uno no logra imaginárselo en absoluto.

Es mejor recrearse
en las inmediaciones de la fruta de verano:
picotas, paraguayos, brevas,
melones y sandías…
haciendo con su jugo las delicias,
incluso,
de las bestias salvajes.

La crueldad inimputable de la poesía nos vuelve civilizados, ilustrados. El arte es el crimen inocente a través del cual se liberan nuestros deseos, nos dota de la facultad de imaginar nuestra propia violencia. El que no imagina sus crímenes los perpetra.

Angélica Liddell, *Kuxmmannsanta*

X

Un excurso:
En su *Curso de Literatura Europea*
Vladimir Nabokov, en el capítulo dedicado a Proust,
afirma, sin estar yo del todo de acuerdo:
"La gente prismática de Proust no tiene oficio; su trabajo es divertir al autor".
Y luego agrega:
"Disfrutan de entera libertad para entregarse a la conversación y a los placeres, como esos personajes de la antigüedad legendaria que vemos reclinados en torno a mesas cargadas de frutas o paseando enfrascados en disertaciones por unos suelos pintados, pero a los que nunca vemos en la oficina o en el astillero".
Qué agradable imaginar formar parte
de la primera fila de figuras
—la nobleza—
del inveterado juego del ajedrez,
parapetado tras una barda de peones, blancos o negros.

No obstante,
en condiciones sobrias de conciencia,
me resulta imposible imaginar siquiera
tal estado de gracia o privilegio
porque veo la sombra punzante
que se cierne sobre el esclavo
sus ojos plenamente sumidos sobre la faena
que el amo le impone para su conservación.
Lo cierto es que, entre los lances de la literatura,
un plato bien servido es la venganza:
a domicilio, todavía caliente.
No quiero hoy, por eso, olvidarme de ti,
peaso fistro,
ridículo y rollizo *personajo*, al que creí mi amigo.
Y bien mereces el olvido —ya lo tienes, en verdad;
Pero, ¿no hemos quedado en que esto es un
                                        divertimento?
Como a los personajes de Proust, según Nabokov,
te conjuro yo aquí para que nos distraigas del culo de
                                        la muerte.
Te ves como una mezcla irresistible de Alan Bates y
                                        Oliver Reed
en *Mujeres enamoradas* —serás osado—
cuando más bien pareces el criminal antagonista,
                                        travestido en tu caso,
de *Los asesinatos de la calle Morgue*:
¿recuerdas que pusiste tú ese apodo a un conocido
al verle con los labios pintados,
"por esas orangutanas de Indonesia que afeitan y

maquillan

con el único fin de prostituirlas"?
Sin embargo, cuál fue nuestra sorpresa,
la mía y la de un amigo mío al que tú odiabas,
cuando en aquella toma de setas alucinógenas
en que ejerciste de maestrillo
—me meo de la risa—,
vimos cómo te dabas golpes con ambos puños
sobre tu descamisado pecho de palomo ventero
o de ventero con palominos
y no pudimos evitar que el mote con que habías
                              apuntado hacia aquel otro
te rebotase cual bumerán
y quedase uncido para siempre a tu persona:
La Orangutana.
Una versión con los brazos en jarras de la fiera asesina
                              de ese cuento de Poe.
Y así llegamos al momento en que me echaste de tu
                              espantosa casa,
decorada a la fea manera de un feísimo piso
de estudiante feísimo de la fea informática
(no vayas a creer que me gustaba quedarme en él
                              cuando iba a Madrid),
so excusa de que había llegado tarde el día anterior
—sí, había perdido el móvil en un taxi tras 24 horas
                              de relío—
cuando debía irme.
Tú, la excusa perfecta; yo, que soy un desastre.
Mi errática presencia te hacía sentir importunado,

el equilibrio de tu patética vida de amargado con
síndrome de Noé
descabalgado por varias horas mías de demora
durmiendo en ese cuarto con litera de madera sin
barnizar
que ofreces a tus "invitados", tan feo, donde finges
trabajar.
Me dijiste:
"si ayer fuiste capaz de ir de sauna en after hasta que
llegaste,
hoy no tendrás problemas en encontrar refugio hasta que
salga el tren".
Qué bonito castigo
para aquella tórrida mañana de principios de junio.
¿No te bastaba con echarme la bronca?
¿Con mirarme desde esa repugnante máscara tuya,
los aires de perdonavidas condescendiente?
¿A qué represaliarme a mí, un amigo,
con esa lapidaria frase de despedida,
de modo tan cruel y gratuito?
Es obvio,
como luego he hablado con amigos comunes que yo te
presenté,
que esa torpeza mía de llegar tarde el día de mi regreso,
tras intentar, infructuosamente,
meterte a alguien en casa días antes,
estupidez tan propia de borrachos —que creí
perdonada—,
no era sino la gota que colmó el vaso de tu escasa

paciencia.

En realidad, me odiabas.
Así saltó la liebre al terminar yo de atar cabos.
De todo eso, cobarde acosador,
que inventabas el mote y escondías la lengua,
todo atención, en apariencia,
con los brazos abiertos al paso de los fuertes,
como azacán sacado de una peli de Ozores,
donjuán estilo Landa,
sanchopanza (más bien, Teresa, su mujer)
proclive al refranero y a la expresión rehecha
—síntoma concluyente de tu haraganería mental—
mentecato, cateto, pésimo cocinero,
hijo ilegítimo de un solo padre cultural,
fan irredento transformado en idolillo que detesta a su
                                    público,
me he dado cuenta luego,
y no, jamás lo solucionaremos, mala baba.
Yo mismo he decretado orden de alejamiento.
Y para que surta los efectos conducentes,
abajo yo lo firmo.
Me echaste de tu casa, sí,
de tan pésima forma…
Debo reconocer que me dolió unos días, quizás
                                    semanas
aunque ahora sé por qué lo hiciste:
te sientes expulsado del Paraíso,
de cualquier paraíso,
desde que naciste,

como las malas bestias el día de la batalla contra los
ángeles rebeldes.
Iniciaste el negocio con el que malabareas
—no pongas tus sucias manos sobre Wilde—
con la intención de hacer algo para lo que no sirves,
porque aún escribes peor de lo que vistes.
Estás embrutecida, con tanto Mercadona y tanto
Grindr.
Aunque eso te viene ya de antes:
no eres más que un sociópata de la estirpe de
Zuckerberg.
Más te vale abandonar toda esperanza,
comprarte otro pisucho en ese barrio horrendo en el
que vives,
explotarlo con aires de rentista,
—en eso no te diferencias del resto, resto eres—
para que, en palabras tuyas, te "pague las vacaciones"
en esos sitios tan Martin Parr que te pirran,
racista camuflado, intolerante,
palurdo de gran ínfula,
y buscarte un novio mustio con el que creas follar bien
—¿pondrás de fondo a Ennio Morricone?—
desde tu supina ignorancia de los placeres
y de la vida buena.
Varo volatinero
saltando deplorable de la racanería a la codicia.
No paras de criticar y de juzgar a los demás,
son tu vivo reflejo.
El espejo de tu miseria,

de tu infantilismo,
de la basura y fealdad que te rodean.
Qué tonto por mi parte no haber sentido
ese tu frío juicio cual hoja de barbero,
esa envidia cochina,
tan impropia como nevada en pleno agosto.
Cuán mezquino que has sido,
te has cubierto de gloria.
Honestamente, te felicito.
Repitamos en ruego:
Savonarola, *ora pro nobis*
Bernarda Alba, *ora pro nobis*
Ahab, *ora pro nobis*
Ahora en serio, voy a decirte algo;
prometo que es lo último.
Me vas a echar tú más de menos que yo a ti,
porque, ya sabes,
el odio
—un número complejo—
es más grande que el amor,
y todo lo contiene
según la teoría de conjuntos.

2

Hoy, al ver en la prensa las imágenes del descuartizador
de Tailandia,
esposado bajo una toalla de un rosa inocentísimo,
melena rubia, descuidada y revuelta,
semblante serio de asesino confeso,
me ha venido a la mente, subrepticiamente,
con el encanto retorcido de una chinería de Sans, Souci
(la coma en medio)
esa letra de U2 con Lykke Li
que trae el pesaroso aroma del paso contundente de
las estaciones:
I have a will for survival
So you can hurt me and then hurt me some more
I can live with denial
But you're not my troubles anymore.
Cuidado con el encanto de los hombres:
es un cuchillo carnicero afanosamente afilado.
Parece que los niños se hacen daño de pequeños,
más aún de mayores…
sin cesar empezando (*toujours recommencée*).
Una noche de sábado en el 55,
ese bar de irradiación tan baja,
que ya en el nombre que le damos
—un perezoso cinco cinco—
lleva inscrito el signo de las escurriduras,
me llaman por mi nombre mientras pido en la barra.
Por un momento pienso,

esto me sucedió semanas antes,
que es un lector de mi novela: me ha reconocido.
Sueño con ser interpelado por desconocidos,
seductores
que despierten en mí un aterido anhelo de aventuras.
Tardo en reconocer a quien me llama:
es un compañero de mi colegio
al que —inventémosle un nombre: Alejandro—
hace una treintena de años que no veo.
Me sorprende su aspecto, tan lampiño:
es casi el mismo de antaño,
aunque lo veo más alto que entonces.
Está acompañado por otro amigo del colegio,
del que es inseparable desde entonces.
A uno le llamaban "el huevo", al otro "el cuerno",
motes relacionados con la forma de la cabeza,
o con la hechura del flequillo,
tan inocentes, pienso ahora.
Recuerdo cabalmente los nombres y apellidos
de mis compis del Alfonso,
—Alfonso X el Sabio, así se llama mi colegio—
especialmente de los que íbamos al comedor,
a los que una locución grabada nos convocaba
a hacer la fila para comer en riguroso orden alfabético.
Con Alejandro, que ahora es abogado,
casado y con un hijo,
al que adivino como un percance,
me dan las claras del día, recordando en pretérito,
haciendo breves incursiones al presente,

o a ese otro pasado no común, para
explicarnos el uno al otro
por qué derroteros,
hacia qué giros nos ha llevado
el discurrir de la existencia.
Cuando vuelvo a la cama, ya entrada la mañana,
mis padres por la casa en zafarrancho,
haciendo sus invariables faenas de domingo,
me descubro contento,
como si en esta temporada mía de estiaje
un soplido de profunda alegría
hubiese henchido por sorpresa el velaje de mi pesado
                                                    barco.
A punto de dormirme, con la persiana baja,
destelleando el sol de la mañana
en el bosquejo que proyectan las hendijas
sobre el granito deslustrado del suelo de mi cuarto,
pienso que he tenido una infancia dichosa.
No, no diré que fue un sueño
y pienso en la condena de tener que bregar con mentes
                                                    jóvenes,
con almas jóvenes, sin interés,
y en la condena de luchar contra cuerpos viejos,
sin tampoco interés.
¿Por qué no se detiene todo en este instante?
¿Por qué no enamorarnos, Alejandro,
haciendo del deseo una escultura sólida?
Mañana no seré tan joven como hoy
ni hoy seré tan viejo como mañana…

En un momento de la noche de hoy
esta que hemos pasado juntos
después de tantos años
recorriendo esos bares de veinteañeros
infectos de trap y reguetón
—ya no se libra ni Comedia,
ese patio de pasos perdidos que frecuentábamos de
                                               jóvenes—
me he quedado sin tabaco y sin suelto
y has vuelto de la máquina con dos cajetillas de Camel
para ofrecerme una.
Ese gesto minúsculo
de desfasado *gentleman*
me ha recordado a cuando en el colegio
algunos compañeros compartían conmigo
—recuerdo a Esther, tan generosa—
su bocadillo de chorizo
y yo les ofrecía, sin ecuanimidad,
un trozo del mío, de mantequilla y york
—así eran y son las prudentes costumbres de mi
                                               madre—
o a esas veces en que alguien,
quizá el propio Alejandro,
tan bajito por aquel entonces,
te aupaba sobre su grupa para saltar un pretil.
He querido dejarle un mensaje de voz,
un agradecimiento por tan hermosa noche,
pero me he quedado dormido en calzoncillos,
los calcetines puestos, el móvil escurrido de las manos.

Sueño durante el día
con un país al que pondremos, de momento, Sodoma.
Se ha fundado al modo sionista
por mor de la diáspora que entraña de por sí
ese deseo excéntrico de los hombres que aman a otros
hombres,
o mejor, ese deseo excéntrico de no querer asemejarse
al resto de los hombres que dicen amar a las mujeres.
Quizás no sea del todo exacta
la analogía con el movimiento sionista,
porque aquí no hay conciencia nacional
ni sentido de reconquista,
ni perpetuidad de una etnia o de una religión,
tampoco desplazados ni sangre ocupada y luego
derramada.
Es como si los primeros *colonizadores*
amigos, ex amantes,
hubiesen arribado a una isla despoblada
en mitad del océano
o a varias millas de distancia, mar adentro,
frente a las costas del golfo de Cádiz.
Así veo yo este reino imaginado,
al que ahora podríamos denominar Fata Morgana
o, mejor,
Utopía,
como *ese librillo verdaderamente dorado* de Tomas
Moro,
"no menos beneficioso que entretenido",
que también podría ser el nombre de un hermoso *after*

cuyas coordenadas geográficas se pasan en secreto,
como una contraseña sigilosa.
Hemos llegado a este lugar exhaustos,
y más que por maltrato o por hostigamiento,
por la cansina cantinela de contemplarnos como
                                    minoría.
Bastante minoría es uno mismo,
que viene al mundo en confusión y confundido muere,
confuso, pero rematadamente solo.
Aquí estamos ahora como corsarios berberiscos
en esta tierra no prometida por deidades inventadas,
destino autoelegido sin turistas
sintiendo la extrañeza del resto de los hombres:
es el de la materia a la conciencia uncida
pero libres de la insufrible dictadura de la mayoría
por ser nosotros —algo que todavía está sin definir
                                    muy bien—
mayoría absoluta, absolutamente mayoritarios.
Mientras
leo en voz alta,
más por apuesta que por convencimiento,
la oración a San Judas Tadeo,
abogado de los casos difíciles.
La leo en el reverso
de una estampita que guardo en un lapicero de mi mesa
y que el tiempo ha combado,
y pido por el desvanecimiento de las brumas
—donde nada es distinto—

de mi atezada situación laboral.
Pienso en el sueño de Sodoma de hace algunos días
y me cuestiono de qué gran minoría formo ya parte
—antes era la de los maricones—
y creo que no más de ninguna
salvo quizás de la de los moribundos,
la de los melancólicos,
la de los acabados,
y de la de los pobres,
que han sido siempre mayoría.
También soy yo de aquellos,
no sé si mayoría o minoría,
que al acercarse a un mapa o leer de viajes,
hallan una extremada paz y un punzante destello
en la arbitrariedad con que se inventan
los nombres geográficos.

3

Hoy, Asunción de la Virgen, he escrito a un amigo:
"También me hace ilusión (mezclada con intriga)
comentarle a la inepta de mi médica, tan burocratizada,
que un reputado virólogo, amigo de amigos de Berlín,
me ha comentado un posible tratamiento alternativo
                                                para el SK."
Y he añadido, de forma lastimera:
"Manejo esta subtrama vital con absoluta delicadeza,
a la manera del narrador de *À l'ami qui ne m'a pas*
                                                sauvé la vie,
porque el virólogo en cuestión se hace llamar,
                                                cariñosamente,
Siegi, elisión de Sigfrido,
y su nombre, confieso,
me sabe a helecho húmedo del Palatinado,
y porque ¿qué sería de nosotros sin un poco de ficción,
n'est-ce pas, chéri?"
Mirando en el cuaderno,
se enredan mis apuntes, los delata su tinta, con un boli
                                                y con otro:
"espera sin esperanza".
Y también:
"miro el repertorio de los hombres
y sus gestos en el gimnasio -> me fascinan;
me gusta ver como se ríen entre ellos,
los hombres de por aquí, del Sur".
Leo casi al final de la página: "Tuerto sentimentalismo"

(lo he utilizado más arriba).
Y una frase enigmática entre medio:
"El poder de poder no poder".
Otra: "el más barato medio de transporte es la música".
Y un único deseo: "Que todo se desplome".
¿Qué ocurrencia tuve yo ayer?
Una música perdida, encontrada en la radio,
de segunda,
no asociada a ningún nombre,
que remite a iterados domingos o días similares
pasados en la tranquilidad de cualquiera de mis
                                            muchas casas,
casas cuyo alquiler podía pagar,
aunque mi historia del alquiler es una historia de
                                              fracaso,
una rampa empinada como la de la cinta puesta en 15
—¿he dejado ya dicho que el gimnasio,
con ese circuito cerrado que me he autoimpuesto,
y que siempre repito por pereza a
aprender nuevos ejercicios,
calma mi enfermizo sentimiento de culpa?
En esas mis muchas casas, decía,
en casa de mis padres,
un festivo tranquilo en Barcelona,
o en Granada o en Eme (que es Madrid),
o en Sevilla o París,
una música no connotada de dolor,
ni de alegría, ni de deseo, ni de nada…
Anhedonia.

Es la música íntima de esos momentos de paz,
esa paz de nuestra infancia al sol de la ventana.
El tiempo inalienable, imprescriptible,
parecido a sumergir la cabeza
bajo el agua de la bañera,
en que somos conscientes de esa extraña
manera que es estar vivo y consciente y sereno...
y sentir lo templado de la vida en la tierra,
esa metapiel que a menudo nos pesa
como una montaña de basura.
Ut pictura poesis.
Y luego apunto un sueño:
"Me pongo a mear frente a un coche,
junto a alguien... ¿un extranjero?
¿el hermano mayor que nunca tuve?
Alguien a quien podríamos adscribir
en esa perplejidad que es la categoría de hombre
(hombre como otro a la vez que como igual)
y ese hombre —que creo que me gusta—
ve que el pis le va llegando a sus pies
en forma de riachuelo con mucho ramal
y entonces ese alguien
que es grande, que es fuerte, que es tierno
—como la décima e inacabada sinfonía de Mahler—,
que es la pura representación del deseo,
me da un beso en la coronilla,
un beso que me estremece hasta el tuétano,
hasta la primera de mis células formadas".
En la última página, gran blanco,

solo una pequeña nota arriba, donde vivo:
"la lluvia ha llegado por fin…
el corazón me rebosa de alegría,
como si fuese un cuenco olvidado en el balcón
anegado de agua…
Ringo (es el perro de mi hermano y su familia)
está alborozadamente mojado".

Á

Todo esto no es más que una transcripción,
a máquina,
de unas notas que he ido apuntando en el móvil
y en un cuaderno que compré el año pasado,
por estas fechas,
en la isla de Siros, en mitad de las Cícladas.
Las he ido escribiendo distraídamente,
a lo largo de días,
incluidas sus noches,
mientras rugían los motores de coches y de motos,
extensiones domésticas siempre tan misteriosas.
Las he escrito, decía,
intentando esquivar la zozobra infinita,
presta a saltar como un oscuro grillo,
agazapada
entre las fundas de plástico perforadas
que se reparten los ciento quince temas de mis
oposiciones.
La cubierta del bloc comprado en Grecia,
pintada a mano por un artista local,
representa
—en trampantojo—
una fuente de frutas estivales
expuestas a la mano sobre un fondo cerúleo,
todo ello ricamente enguirnaldado
los bordes del cuaderno sirviendo de marco.
Son el concurso entre el cielo y la tierra,

entre lo superficial y lo escondido,
entre lo real y lo imaginario,
como ese que menciona Plinio el Viejo en su *Naturalis
Historia*
entre los dos pintores legendarios,
Zeuxis y Parrasio,
cuando aquel le pidió a este que descorriera la cortina
de su tabla
y, tras descubrir su argucia, dijo ante los congregados:
*"yo he engañado a los pájaros, pero Parrasio me ha
engañado a mí".*
Al mirar la cubierta del cuaderno transcripto
con afán evasivo
se me posa en la frente ese otro relato
—también del mismo libro—
sobre el mítico origen de la pintura.
Es la historia de la noche en que Kora,
la doncella corintia,
hija del escultor Butades,
al despertar del primer sueño junto a su amado,
que partía a la guerra,
inexorablemente,
tuvo la idea de trazar a carboncillo
el perfil de su cara
señalado sobre el muro del dormitorio
por la sombra que proyectaba la luz de los candiles.
Forma de conservar por siempre.
Una historia natural
—así tituló Plinio el Viejo su obra—

la de la invención del dibujo,
o de la pintura,
o de la escultura que, a partir del retrato,
elaboró luego su padre en arcilla cocida.
Un triste acto de amor.
De la amante hacia su amado.
Del padre hacia su hija.
Porque todos los días partimos a la guerra.
Invariablemente.
Inexorablemente.
Todos los días la guerra.
Y solo del amor queda el verano.

Jerez – Granada – Sevilla – Berlín – Jerez
Verano/*veroño* de 2023

Revisado en Jerez, entre el último día de agosto y el primer día de septiembre de 2024; y otra vez más en 2025, en vísperas de mi santo, que se quedó en beato.

HESTÍO. Poema narrativo en 9 cantos
y un excurso vengador